DU

STYLE GOTHIQUE

AU

DIX-NEUVIÈME SIÈCLE

PAR

E. VIOLLET-LEDUC, ARCHITECTE

Extrait des Annales Archéologiques.

PARIS
LIBRAIRIE ARCHÉOLOGIQUE DE VICTOR DIDRON
PLACE SAINT-ANDRÉ-DES-ARTS, 30

Juin 1846

DU
STYLE GOTHIQUE

AU

DIX-NEUVIÈME SIÈCLE

PAR

E. VIOLLET-LEDUC, ARCHITECTE

PARIS
LIBRAIRIE ARCHÉOLOGIQUE DE VICTOR DIDRON
PLACE SAINT-ANDRÉ-DES-ARTS, 30

Juin 1846

DU

STYLE GOTHIQUE

AU

DIX-NEUVIÈME SIÈCLE.

Pendant que, le mois dernier, nous poursuivions notre tâche dans les « Annales Archéologiques » et que nous ajoutions quelques pages à nos études sur les monuments religieux du XIII° siècle, un orage s'amoncelait dans le sein de l'Académie des Beaux-Arts, prêt à fondre sur nos têtes aux premiers jours du printemps. S'il faut en croire un journal, pour lequel plusieurs membres de cette illustre assemblée daignent parfois prendre la plume, « le Moniteur des Arts », les questions suivantes auraient été posées il y a quelque temps en séance solennelle par un architecte académicien :

1° « Est-il convenable, à notre époque, de construire une église dans le style dit gothique, c'est-à-dire de copier ce qui, à l'époque du moyen âge, avait sa signification, et cela en raison des croyances et des nécessités de ces époques mêmes? »

Si c'est un membre de l'Académie qui a posé cette question (ce dont nous doutons, je l'avoue), son amour pour Jupiter et Vénus lui auroit-il fait complétement oublier que nous avons tous été baptisés, lui-même aussi probablement, et que nous sommes encore chrétiens, voire même catholiques? La *signification* des églises était au XIII° siècle ce qu'elle est en 1846. L'illustre membre ne peut pas ignorer cela.

2° « Peut-on copier une église gothique avec quelques chances de succès ? »

Il y a de bonnes et de mauvaises copies, selon le talent de l'artiste; il y a encore le choix de l'original, qui peut compter pour quelque chose.

3° « Doit-on, par respect pour les édifices du moyen âge (*sic*), en faire, de nos jours, des copies? »

Nous répondrons à cette question par une autre. — Est-on dans l'habitude de copier autre chose que ce que l'on aime et respecte? Le respect pour un objet n'est-il pas une conséquence de la perfection que l'on suppose à cet objet, et n'est-ce pas un sentiment naturel à l'homme de chercher à se rapprocher le plus possible de ce qu'il regarde comme la perfection?

4° « S'il est évidemment démontré que cette impuissance et cette incapacité sont réelles, dans ce cas même, une époque ne doit-elle pas assez se respecter pour se montrer telle qu'elle est? »

Voici maintenant une époque impuissante et incapable, qui doit se respecter assez pour se montrer telle qu'elle est! C'est du respect fort mal placé, nous le croyons, et nous ne voyons pas ce qu'il peut y avoir de bon à montrer partout de si cruelles infirmités.

5° « Les époques qui ont précédé la nôtre ont-elles donné le funeste exemple de copier les édifices d'un autre temps? »

Mais, oui! Les Hellènes ont commencé par copier les Pélasges; les Romains ont copié les Étrusques et les Grecs; les Italiens, les Allemands, et les Gaulois ont copié les Romains; les Français ont copié une seconde fois les Romains, à l'époque de la Renaissance; et qu'a donc fait l'Académie des Beaux-Arts depuis cinquante ans?

6° « Enfin, les églises du moyen âge, et particulièrement celles de la période comprise entre les XIII° et XVI° siècles, peuvent-elles s'appliquer aujourd'hui à nos mœurs, à nos croyances, à nos usages? »

Probablement mieux que les temples grecs ou romains. Nous serions décidément curieux de savoir quelles sont les croyances de l'illustre membre; serait-il mahométan ou appartiendrait-il à l'Église de l'abbé Châtel?

Nous avons cru (car nous voulons être sincères) que ces questions, assez mal en ordre, peu claires, formulées en langage surprenant chez un académicien, étaient tronquées ou corrompues par le journal qui les rapportait;

nous pensons même qu'il en est ainsi..... Nous les donnons telles que nous les avons trouvées et n'y attachons qu'une médiocre importance, puisque l'organe de l'Académie des Beaux-Arts, dans le manifeste qu'il vient de fulminer contre nous, n'a pas cru devoir les reproduire.

Voici ce manifeste :

INSTITUT ROYAL DE FRANCE.

ACADÉMIE ROYALE DES BEAUX-ARTS.

Considérations sur la question de savoir s'il est convenable, au XIXᵉ siècle, de bâtir des églises en style gothique.

Une grave discussion s'est élevée dans le sein de l'Académie sur un des sujets les plus faits pour exciter tout son intérêt ; il s'agissait d'examiner, d'après une série de questions proposées par un de nos honorables confrères, qui joint à sa profession d'architecte une profonde connaissance de l'histoire de son art, d'examiner, disons-nous, si, à l'époque où nous sommes, au XIXᵉ siècle de l'ère chrétienne, il convenait de bâtir des églises dans le style de l'architecture dite gothique.

Cette question principale, résolue négativement par l'auteur de la proposition, devait naturellement provoquer des explications de plus d'un genre dans une réunion d'artistes, où tout ce qui touche aux intérêts de l'art, à ses principes, à ses traditions, excite des sympathies si puissantes et si éclairées. Ainsi posée devant l'Académie, la question du gothique a donc été envisagée sous toutes ses faces par les honorables membres qui ont pris part à cette discussion, soit de vive voix, soit par écrit ; et lorsqu'à la suite de débats si intéressants, l'opinion de l'Académie s'est prononcée d'une manière si imposante, il importe qu'il reste dans ses archives un témoignage de cette discussion, ne fût-ce que pour servir d'avertissement ou de protestation, dans le cas possible d'une faute du pouvoir ou d'une erreur de l'opinion.

L'intérêt qu'excitent les beaux édifices gothiques de notre pays ne pouvait manquer de trouver dans l'Académie de nombreux et d'éloquents interprètes. Ces édifices, dont les plus parfaits rappellent l'un des plus grands siècles de notre histoire, celui de Philippe-Auguste et de saint Louis, captivent au plus haut degré le sentiment religieux ; ils élèvent, à l'aspect de leurs voûtes sublimes, la pensée chrétienne vers le ciel ; ils plaisent à l'imagination ; ils agissent même sur les sens par l'effet de leurs brillants vitraux, où tous les mystères de l'Église se montrent étincelants de l'éclat des plus vives couleurs, et ils réalisent ainsi, à l'œil et à l'esprit, l'image de cette Jérusalem céleste vers laquelle aspire la foi du chrétien. A ne les juger que par les impressions qu'elles produisent, impressions toutes de respect, de recueillement et de piété, les églises gothiques charment et touchent profondément; et c'est vainement que la froide et sévère raison s'efforce de détruire un effet qui s'adresse au goût et au sentiment.

Mais aussi n'est-il pas question ni de contester cet effet, ni de combattre ce sentiment, en ce qui regarde les édifices de ce style qui couvrent notre pays, et qui sont les monuments sacrés de notre culte, les témoins respectables de notre histoire; loin de là : il s'agit de les entourer de tous les soins que leur vieillesse exige, que leur caducité réclame; il s'agit de les conserver, de les perpétuer, s'il est possible, aussi longtemps que les glorieux souvenirs qui les consacrent, aussi longtemps que vivra la langue et le génie de la France; et, pour cela, l'état dans lequel ils se trouvent aujourd'hui ne fournira malheureusement que trop d'occasions de se signaler au zèle patriotique, pourvu de toutes les ressources d'une nation telle que la nôtre. Que l'on répare donc les édifices gothiques, sur lesquels s'est si sensiblement appesanti le poids de huit siècles, joint à trois siècles d'indifférence et d'abandon; qu'on les répare avec ce respect de l'art qui est aussi une religion, c'est-à-dire avec cette profonde intelligence de leur vrai caractère, qui n'y ajoute aucun élément étranger, qui n'en altère aucune forme essentielle; c'est ce que demande la raison, c'est ce que conseille le goût, c'est ce que veut l'Académie.

La question se présente tout autrement, si l'on propose de bâtir de nouvelles églises dans le style gothique, c'est-à-dire de rétrograder de plus de quatre siècles en arrière, et de donner, pour expression monumentale à une société qui a ses besoins, ses mœurs, ses habitudes propres, une architecture née des besoins, des mœurs, des habitudes de la société du XII° siècle; en un mot, il s'agit de savoir si, au sein d'une nation telle que la nôtre, en présence d'une civilisation qui n'a plus rien de celle du moyen âge, il est convenable, je dirai même s'il est possible de construire des églises qui seraient une singularité, un anachronisme, une bizarrerie; qui apparaîtraient comme un accident au milieu de tout un système de société nouvelle, puisqu'elles ne pourraient prétendre à passer pour une relique d'une société défunte; qui formeraient un contraste choquant avec tout ce qui se bâtirait, avec tout ce qui se ferait autour d'elles, et qui, par cette contradiction seule, élevée à la puissance d'un monument, blesseraient la raison, le goût, et surtout le sentiment religieux. Envisagée sous ce point de vue, la question a paru à l'Académie digne d'être sérieusement approfondie, et tout ce qu'elle a entendu de considérations alléguées de part et d'autre sur ce sujet, n'a pu que la confirmer dans l'opinion qu'elle s'était faite.

Il importe d'écarter d'abord de cette grave discussion un de ces préjugés, nés d'un sentiment respectable, mais qui ne saurait résister au plus léger examen, l'idée que l'architecture gothique serait l'expression propre du christianisme, qu'elle serait, comme on voudrait l'appeler, l'art chrétien par excellence. Il suffit, pour réfuter cette idée, de la plus simple connaissance de l'histoire de notre religion, considérée, comme le peuvent faire les artistes, dans les monuments de son culte. S'il est un fait avéré par les travaux de tant d'hommes habiles, Français, Allemands, Italiens, Anglais, qui ont étudié l'architecture gothique dans toutes ses formes, qui en ont recherché l'origine, qui en ont suivi, sur le terrain et dans le temps, les développements successifs et les phases diverses, c'est que cette architecture s'est formée à la fin du xii° siècle, à la suite d'une lutte qui avait commencé, un siècle auparavant, entre l'arc cintré, principal élément de l'architecture romaine, et l'arc ogive, conception de toute une société nouvelle, plutôt qu'invention de tel peuple ou de telle époque. S'il est aussi une notion familière aux artistes, tels que ceux qui remplissent l'Académie, c'est que l'architecture gothique, à quelques exceptions près, absolument sans conséquence, n'a jamais pénétré à Rome, dans le centre même du catholicisme. Rome, la ville chrétienne par excellence, Rome la grande ville, la ville éternelle, possède des monuments de toutes les époques du christianisme, depuis ceux des Catacombes, qui ont été son berceau, jusqu'à ceux du Vatican, qui offrent le plus haut degré de sa magnificence et de son génie; elle montre, à côté des premières basiliques élevées par Constantin et ses successeurs, une longue suite d'édifices chrétiens, qui expriment chacun la physionomie de chaque âge, et qui aboutissent à l'immense et superbe basilique où s'est imprimé le siècle de Jules II et de Léon X, par la main de Bramante et de Michel-Ange, et Rome n'a rien de gothique. Cette architecture, née dans les siècles du moyen âge, par des causes qui ont dû produire alors leur effet et qui ont cessé plus tard d'avoir leur action, n'est donc, en réalité, ni une ancienne forme, ni un type exclusivement propre de l'art chrétien; c'est l'expression d'une partie de la société chrétienne du moyen âge, très-respectable sans doute à ce titre, mais non pas au point de constituer à elle seule une règle absolue du génie chrétien.

Il y a plus, et c'est sur ce point surtout qu'il importe de réfuter un préjugé qui ne repose sur aucune base historique. On ferait tort au christianisme, on méconnaîtrait tout à fait son esprit, si l'on croyait qu'il ait besoin d'une forme d'art particulière pour exprimer son culte. Le christianisme, cette religion du genre humain, appartient à tous les temps, à tous les pays, à toutes les sociétés; il ne se renferme pas plus dans telle forme de société, de politique et d'art, que dans telle contrée ou dans telle époque; immuable dans sa doctrine, il se modifie dans les monuments extérieurs de son culte, suivant les besoins de chaque âge et les convenances de chaque pays. S'il corrige, s'il adoucit la barbarie, il provoque, il favorise la civilisation; et s'il s'est réfléchi dans le gothique du xiii° siècle, il s'est imprimé dans la renaissance du xvi°. Ce qui est sensible, ce qui éclate dans l'histoire du christianisme, ce qui est le signe de sa divinité et le garant de sa durée, c'est que partout il a marché avec l'esprit humain; c'est qu'à toutes les époques il s'est servi de tous les matériaux qu'il avait à sa portée; c'est qu'il a employé à son usage, en les marquant de son empreinte, non-seulement des éléments de l'architecture antique, des colonnes, des chapiteaux, des entablements restés sans emploi sur le sol païen, mais des édifices antiques tout entiers, dans les deux Églises d'Orient et d'Occident, à Athènes aussi bien qu'à Rome. Le christianisme n'a donc jamais été exclusif, en fait d'art ni en rien de ce qui touche au régime des sociétés humaines; il s'accommode à tous les besoins, il se prête à tous les progrès; et soutenir qu'il n'a que le gothique pour expression de son culte, ce serait vouloir que l'esprit humain n'ait d'autre société possible que celle du xII° siècle.

Si ces considérations sont fondées, et elles ont paru telles à l'Académie, elles s'appliquent naturellement à l'abus, que l'on a reproché à l'art moderne, de faire de l'architecture grecque et romaine dans la construction de nos églises; car cet abus, s'il existe en effet, n'est pas moins condamné par l'esprit du christianisme que par le sentiment de l'art, et l'Académie n'est pas plus d'avis que l'on refasse le *Parthénon* que la *Sainte-Chapelle*. Les monuments, qui appartiennent à tout un système de croyance, de civilisation et d'art qui a fourni sa carrière et accompli sa destinée, doivent rester ce qu'ils sont, l'expression d'une société détruite, un objet d'étude et de respect, suivant ce qu'ils ont en eux-mêmes de mérite propre ou d'intérêt national, et non un objet d'imitation servile et de contrefaçon impuissante. Ressusciter un art qui a cessé d'exister, parce qu'il n'avait plus sa raison d'être dans les conditions sociales où il se trouvait, c'est tenter un effort impossible, c'est lutter vainement contre la force des choses, c'est méconnaître la nature de la société, qui tend sans cesse au progrès par le changement, c'est résister au dessein même de la Providence, qui, en créant l'homme libre et intelligent, n'a pas voulu que son génie restât éternellement stationnaire et captif dans une forme déterminée; et cette vérité s'applique aussi bien au grec qu'au gothique; car il n'est pas plus possible à l'esprit humain, dans le temps où nous sommes, de revenir au siècle de Périclès ou d'Auguste, que de reculer à celui de saint Louis.

À l'appui de ces idées générales présentées par plusieurs de nos confrères, l'Académie a entendu des observations particulières dictées pareillement à quelques autres de ses membres par la connaissance profonde de l'art qu'ils exercent. Elle a pu se convaincre que, sous le rapport de la solidité, les églises gothiques manquaient des conditions qu'exigerait aujourd'hui la science de l'art de bâtir. Il est certain que la hauteur de ces édifices, se trouvant hors de proportion avec leur largeur, il a fallu les étayer de tous côtés, pour empêcher, autant que possible, l'écartement des voûtes. Ceux qui admirent à l'intérieur l'effet de ces voûtes si élevées et en apparence si légères, et qui se laissent aller, en les contemplant, à l'effet d'une rêverie pieuse et d'une disposition mystique, ne se donnent pas la peine de réfléchir que cet agréable effet est acquis à l'aide de ces nombreux arcs-boutants et de ces puissants contre-forts, qui masquent toute la face extérieure de ces édifices, et qui représentent réellement en pierre l'énorme échafaudage nécessaire pour les appuyer. Or, est-il possible de nier que cet aspect extérieur des églises gothiques ne nuise essentiellement à l'effet qu'elles produisent à l'intérieur, et qui n'est acheté qu'aux dépens de la solidité, première condition de toute construction publique?

Sous d'autres rapports, l'architecture gothique n'offre pas moins de ces inconvénients qu'il semble impossible de justifier par les lois du goût, et de concilier avec l'état de civilisation des sociétés modernes. Il n'y règne, dans la distribution des membres de l'architecture, aucun de ces principes qui ne sont devenus la règle de l'art que parce qu'ils étaient le produit de l'expérience. On n'y voit aucun système de proportions ; les détails n'y sont jamais en rapport avec les masses ; tout y est capricieux et arbitraire, dans l'invention comme dans l'emploi des ornements ; et la profusion de ces ornements à la façade de ces églises, comparée à leur absence complète à l'intérieur, est un défaut choquant et un contre-sens véritable. Mais que dire de la disposition et du goût des sculptures employées à la décoration des églises gothiques, et qui, aussi bien que les vitraux coloriés, en sont certainement un élément essentiel ! Ces figures si longues, si maigres, si roides, à cause du champ étroit qu'elles occupent et qui tient à l'emploi général des formes pyramidales ; ces figures, sculptées en dehors de toutes les conditions de l'art, sans aucun égard à l'imitation de la nature, et qui semblent toutes exécutées d'après un type de convention, peuvent bien offrir au sentiment religieux l'espèce d'intérêt qu'elles reçoivent de l'empreinte de la vétusté, et qu'elles doivent à leur imperfection même, et à ce qui s'y trouve de naïf, en même temps que de traditionnel. Mais, si on les comprend, si on les excuse, à raison de l'ignorance des temps dont elles sont l'ouvrage, voudrait-on, pourrait-on les reproduire aujourd'hui que nous sommes habitués à traiter la sculpture autrement, aujourd'hui que la vérité est pour nous la première condition de l'imitation, et la nature le seul type de l'art ! Où trouverait-on parmi nous des artistes capables de désapprendre assez tout ce qu'ils ont étudié, de se détacher assez du modèle vivant qu'ils ont sous les yeux pour refaire des figures gothiques ! Et si, dans ces tentatives désespérées d'un art qui chercherait à se renier lui-même, il restait un peu de cette vérité imitative à laquelle l'œil et la main de nos artistes sont nécessairement accoutumés ; si l'on y sentait quelque chose qui accusât la nature, ne serait-on pas fondé à dire que ce n'est plus là de la sculpture gothique ? et ne refuserait-on pas avec raison à ces fruits avortés d'une contrefaçon malheureuse, l'estime et l'intérêt qui ne sont dus qu'à des œuvres originales ?

Il en serait certainement de même de la peinture, qui aurait de plus à lutter contre le jour faux produit par les vitraux coloriés, et qui verrait tout l'effet de ses tableaux détruit par cette illumination factice. Il faudrait donc renoncer à exécuter des peintures dans nos nouvelles églises gothiques ; et ce serait là véritablement, avec la perte de l'art, la condamnation de notre siècle. Dira-t-on que les peintures, qui ne pourraient plus s'étaler sur les murs de nos basiliques, se montreraient dans des vitraux ? Mais c'est encore là une illusion à laquelle il est impossible de se prêter. Où trouverait-on, dans une société constituée comme la nôtre, avec nos goûts, nos mœurs, nos habitudes, des peintres qui pussent modifier leur manière et transformer leur talent au point de produire des verrières telles que celles du XIIIe siècle, qui sont certainement, au point de vue gothique, les plus parfaites, les plus en rapport avec ce système d'architecture ? Et cette supposition même est d'ailleurs démentie par les faits. Qui ne sait qu'à mesure que l'art, entraîné, comme la société, dans une voie nouvelle, s'éloignait de l'ignorance, pour ne pas dire de la barbarie du moyen âge, la peinture sur verre, suivant cette tendance générale, arrivait à produire au XVIe siècle, par la main des Bernard Palissy, des Pinaigrier, des Jean Cousin, des vitraux qui rivalisaient avec les fresques sous le rapport du goût et de la science du dessin? Mais cette perfection même, acquise en dehors de toutes les conditions du gothique, était le signal de la chute de cet art; et les verrières du xvi⁰ siècle, produites sous l'influence de la renaissance, marquent effectivement la dernière période des arts du moyen âge arrivés au terme naturel de leur existence et transformés au service d'une société nouvelle.

Maintenant que l'architecture gothique est morte au sein même de la civilisation qui l'avait produite, avec la sculpture, avec la peinture, qui étaient ses acolytes nécessaires, ses auxiliaires indispensables, entreprendra-t-on de faire revivre de nos jours ce qui a cessé d'exister depuis quatre siècles? Mais où sont, encore une fois, les éléments d'une résurrection pareille, inouïe jusqu'ici dans les fastes de l'art? Où en est la raison, où en est la nécessité, dans les conditions de la société actuelle? Où est la main puissante qui peut soulever une nation entière, au point de la faire rétrograder de quatre siècles en arrière? Où est l'exemple de tout un peuple qui ait rompu avec son présent et avec son avenir pour revenir à son passé? L'Académie ne peut croire à ces prodiges d'une volonté humaine qui s'opéreraient contre la nature des choses, en faisant violence à tous les goûts, à tous les instincts, à toutes les habitudes d'une société. Elle admet bien qu'on puisse faire, par caprice ou par amusement, une église ou un château gothique, bien que ce puisse être quelque chose d'assez périlleux qu'une fantaisie administrative de cette espèce. Mais elle est convaincue que cette tentative de retour à des types surannés resterait sans effet, parce qu'elle serait sans raison; elle croit que ce nouveau gothique qu'on voudrait faire, en l'épurant, en le corrigeant autant que possible, en l'accommodant au goût du jour, n'aurait pas le succès de l'ancien; elle croit qu'en présence de ce gothique de plagiat, de contrefaçon, les populations qui se sentent émues devant le vieux, devant le vrai gothique, resteraient froides et indifférentes; elle croit que la conviction du chrétien n'irait pas où aurait manqué la conviction de l'artiste; et c'est parce qu'elle aime, parce qu'elle comprend, parce qu'elle respecte les édifices religieux du moyen âge, qu'elle ne veut pas d'une imitation malheureuse qui ferait perdre à ces monuments sacrés du culte de nos pères l'intérêt qu'ils inspirent en les faisant apparaître, sous cette forme nouvelle, dépouillés du caractère auguste que la vétusté leur imprime, et privés du sceau de la foi qui les éleva.

En résumé, il n'y a, pour les arts, comme pour les sociétés, qu'un moyen naturel et légitime de se produire; c'est d'être de leur temps, c'est de vivre des idées de leur siècle; c'est de s'approprier tous les éléments de la civilisation qui se trouvent à leur portée; c'est de créer des œuvres qui leur soient propres, en recueillant dans le passé, en choisissant dans le présent tout ce qui peut servir à leur usage. C'est, avons-nous dit, ce que fit le christianisme à toutes les époques, et c'est ce qu'il doit faire aussi dans la nôtre, dont il faut que l'on dise qu'elle a eu son art chrétien du xix⁰ siècle, au lieu de dire qu'elle n'a su que reproduire l'art chrétien du xiv⁰. Serait-ce donc au milieu de ce progrès général dont on se vante, surtout au sein de ce retour sincère aux idées chrétiennes dont on se flatte, que notre société se déclarerait ainsi impuissante à rien inventer, et que l'on désespérerait du talent des artistes et de la foi des peuples, au point de n'en rien attendre, que de refaire ce qui a été fait? Mais n'avons-nous pas l'exemple de la renaissance pour nous apprendre comment on peut être original, en employant des éléments, en appliquant des règles que l'ignorance avait longtemps méconnus; comment on peut être chrétien, sans être gothique, en puisant dans les modèles antiques tout ce qui peut se convertir à des besoins nouveaux? Ces grands architectes des xv° et xvi° siècles, les Léon-Baptiste Alberti, les Brunelleschi, les Bramante, les San Gallo, les Peruzzi, les Palladio, les Vignole, qui construisirent tant d'églises chrétiennes sur la terre classique de l'antiquité et du catholicisme, n'ont-ils pas su imprimer à leurs monuments le caractère qui leur convenait, en s'assimilant, si l'on peut dire, tout ce qu'ils empruntaient à l'art antique? N'est-ce pas à la même école que s'étaient formés ces illustres artistes de notre pays, les Jean Bullant, les Philibert Delorme, les Pierre Lescot, sous la main desquels l'architecture antique prit une physionomie française? Et qui empêche nos architectes modernes de faire de même en élevant, avec toutes les ressources de notre âge, des monuments qui répondent à tous les besoins de notre culte, et qui soient à la fois marqués du sceau du christianisme et du génie de notre société? C'est évidemment là ce que la raison conseille; c'est ce que demande l'intérêt de l'art, c'est ce que réclame l'honneur même de notre époque; et c'est aussi ce que pense l'Académie. S'il devait en être autrement, il faudrait effacer de l'esprit et de la langue des peuples modernes le mot de renaissance et l'idée qui s'y attache; il faudrait déclarer non avenus tous les progrès accomplis et tous ceux qui restent encore à s'opérer; il faudrait immobiliser le présent et jusqu'à l'avenir dans les traditions du passé; il faudrait, en restaurant *Notre-Dame* et la *Sainte-Chapelle*, ce que demande le patriotisme, d'accord avec la religion, laisser tomber le *Val de Grâce* et le *Dôme des Invalides*, ce que défend l'honneur national, non moins que l'intérêt de l'art; il faudrait enfin condamner tous nos monuments de quatre siècles pour refaire quelques tristes imitations de ceux du moyen âge, et fermer toutes nos écoles où l'on enseigne, non pas à copier les Grecs et les Romains, mais à les imiter, en prenant, comme eux, dans l'art et dans la nature, tout ce qui se prête aux convenances de toutes les sociétés et aux besoins de tous les temps.

Le secrétaire perpétuel,
RAOUL-ROCHETTE.

L'Académie a décidé qu'il serait donné à M. le ministre de l'intérieur communication de ce travail, qui résume son opinion sur les questions débattues dans son sein au sujet de l'architecture gothique.

Certifié conforme,
Le secrétaire perpétuel,
RAOUL-ROCHETTE.

RÉPONSE

Aux considérations de l'Académie des Beaux-Arts, sur la question de savoir s'il est convenable, au xixe siècle, de bâtir des églises en style gothique.

Nous avions cru longtemps que l'Académie des Beaux-Arts, qui trône si fort au-dessus de la sphère où nous nous débattons depuis déjà bien des années, n'entendait pas ces clameurs, ces discussions élevées pour reconquérir notre art national; qu'elle ne se sentait pas ébranlée par ces luttes qui divisent aujourd'hui l'école d'architecture. Nous pensions que, cachés dans les hauteurs de leur olympe, entourés des lauriers sur lesquels nous osions à peine jeter un regard ambitieux, heureux du calme officiel qui leur est donné après de longs et respectables travaux, les *illustres* ne daignaient même pas être spectateurs de nos combats et de nos luttes. Nous nous trompions! L'Académie a tout su : nos vicissitudes, nos revers et nos succès. L'Académie s'est émue, et, par la voix de son secrétaire perpétuel, l'Académie nous foudroie :

« Etenim sagittæ tuæ transeunt : vox tonitrus tui in rota. »

L'Académie nous renvoie dédaigneusement à l'école, l'Académie avertit le pouvoir, l'Académie rectifie l'opinion; il était temps!... Grâce à elle, les combattants vont laisser tomber leurs armes; silencieux et attentifs, ils écouteront cette voix « imposante » qui nous trace en quelques pages la route à suivre, à nous qui la cherchions à tâtons depuis plus de vingt ans. Que n'est-elle apparue plus tôt, cette vive lumière qui nous montre le but, et le moyen d'y arriver? Hélas! oui, la tâche était belle, elle était immense; mais malheureusement l'Académie des Beaux-Arts n'a de commun avec ces dieux passés qu'elle aime tant, que d'être enveloppée de nuages : cela l'empêche de voir, et voilà tout! Un membre de l'Institut nous disait l'autre jour, après avoir lu ce *factum* : — « Ces messieurs, qui défendent des dieux que personne n'adore plus, ressemblent aux païens du temps de Constantin. » Mot vrai, et qui peint la situation des choses mieux que tout ce que nous pourrons dire. Cependant nos lecteurs, dans l'intérêt des principes qu'ils soutiennent comme nous, voudront bien nous permettre d'examiner en détail le manifeste en question, ne fût-ce que pour prouver à messieurs de l'Académie que nous avons quelques bonnes raisons pour marcher plus droit que jamais dans la voie que nous avons choisie après mûre délibération.

Que devrons-nous penser de la stabilité des opinions de l'Académie en matière d'art? Ne serait-ce pas le cas de dire, avec La Rochefoucauld : « Rien ne doit tant diminuer la satisfaction que nous avons de nous-mêmes, que de voir que nous désapprouvons dans un temps ce que nous approuvions dans un autre. » Si M. Raoul-Rochette fait une seconde édition des « Considérations », il pourra prendre cette maxime comme épigraphe. M. Quatremère de Quincy disait, il n'y a pas encore bien longtemps, dans son « Dictionnaire historique d'Architecture » : « Il serait inutile de chercher ce qu'il faut appeler un système de proportion dans l'architecture gothique, qui, en fait d'ordonnance, de formes, de détails et d'ornement, ne fit qu'une compilation incohérente de tout ce que lui avait pu transmettre le goût dégénéré du Bas-Empire[1]. » Et plus loin : « Or voilà ce que nous présente, avec surcroît de désordre et d'*insignifiance*, l'architecture gothique, héritière de tous les abus, de tous les mélanges opérés dans les âges de décadence....... Ce qui *paraît* avoir exigé des architectes gothiques le plus de science, je veux parler des voûtes, ne comporta, comme on le montrera tout à l'heure, qu'une *intelligence* fort ordinaire[2]. » Voici maintenant M. Raoul Rochette qui vient, au commencement des « Considérations », nous faire un éloge poétique de ces édifices qui « charment et touchent profondément, et qui réalisent à l'œil et à l'esprit l'image de cette Jérusalem céleste vers laquelle aspire la foi du chrétien. » Et cependant M. R. Rochette lui-même, dans sa notice sur la Villa Pia de Rome[3], s'élève contre le « goût aride et la triste nudité des églises gothiques. » Que dis-je (car il faut croire que le fauteuil académique permet de voir les mêmes objets sous des aspects bien variés)? tournez quelques pages du manifeste, et vous verrez que ces « monuments qui réalisent l'image de la Jérusalem céleste », et que l'Académie voudrait voir « perpétuer, s'il est possible, aussi longtemps que les glorieux souvenirs qui les consacrent, aussi longtemps que vivra la *langue* et le *génie* de la France, » ne deviennent plus que des productions « qu'il est impossible de justifier par les lois du goût, etc., etc. » Qui faut-il croire de M. Quatremère ou de M. R. Rochette, de M. Rochette à la « Villa Pia », ou de M. R. Rochette au commencement ou à la fin du manifeste académique?

Suivons maintenant l'Académie, autant que possible, dans tous les détours de son manifeste. La tâche est difficile, car les « Considérations » sont le résultat

[1]. T. II, p. 320.

[2]. (T. II, p. 675.) M. Quatremère de Quincy était secrétaire perpétuel de l'Académie avant M. Raoul Rochette. Il ne faudrait pas juger tout le « Dictionnaire d'Architecture » sur les citations que nous venons de faire ; tout le monde est d'accord pour rendre à cet ouvrage, sur beaucoup de points, toute la justice qui lui est due.

[3]. Voir les pages 133 et suivantes des *Annales Archéologiques*, t. I; septembre, 1844.

— 14 —

d'opinions tellement diverses, que M. le secrétaire perpétuel, malgré toute la souplesse de son talent, n'a pu éviter les énigmes et les contradictions.

Ces messieurs, toutefois, ont compris la position : il fallait faire la part de l'opinion, ne pas choquer dès l'abord un public prévenu; il fallait ménager même certaines susceptibilités qui s'élevaient dans le sein de l'illustre corps. Aussi voyons-nous le manifeste commencer par un paragraphe attendrissant sur l'intérêt que MM. les membres de l'Académie des Beaux-Arts prennent à l'architecture française des XII° et XIII° siècles.

« Aujourd'hui, (cela est bien heureux!) la raison demande, le goût conseille, et l'Académie *veut* que l'on répare les églises gothiques, avec ce respect de l'art qui est aussi une religion, ces édifices sur lesquels s'est si sensiblement appesanti le poids de huit siècles, *joint à trois siècles d'indifférence et d'abandon*....... » Voilà qui nous semble hardi, « TROIS SIÈCLES D'INDIFFÉRENCE ET D'ABANDON ! » Eh! messieurs, qui comptez bientôt deux siècles d'existence, ne pouviez-vous « vouloir » plus tôt; ne siégez-vous pas pour protéger les arts et les monuments de votre pays; ne craignez-vous pas que les malveillants (il y en a partout) ne pensent qu'il n'a pas tenu à vous que le quatrième siècle d'abandon ne commençât? Grâce à Dieu, tout est sauvé, l'Académie « veut » qu'on répare nos monuments gothiques!

Allons, monsieur, suivez l'ordre que j'ai prescrit,
Et faites le contrat ainsi que je l'ai dit.

Mais nous arrivons à l'endroit délicat : « Est-il convenable, est-il possible de construire des églises qui seraient une singularité, un anachronisme, une bizarrerie... des églises gothiques enfin? » — Il faut croire que ce mot gothique, que nous n'aimons guère, dont nous ne nous servons que parce qu'il est consacré par l'usage, et que nous abandonnerions volontiers si cela pouvait être agréable à l'Académie, cause des spasmes, des éblouissements à l'illustre assemblée. Après le bel éloge que nous avons lu, M. le secrétaire perpétuel nous conduit à Rome, pour nous démontrer comme quoi l'architecture gothique n'est pas une conséquence du christianisme, puisque la grande métropole chrétienne ne l'a jamais admise sur son territoire; comme quoi Saint-Pierre « est une immense et superbe basilique, » et enfin que l'architecture française des XII° et XIII° siècles « ne constitue pas à elle seule une règle absolue du génie chrétien. » Mais quel est l'homme sérieux qui ait jamais prétendu que le gothique résumât à lui seul l'art chrétien? Ce que nous demandons à tous, messieurs, c'est le retour à un art né dans notre pays. Nous sommes par le 48° degré de latitude; est-ce pour nous qu'ont été faites les basiliques de Rome ou d'Orient? Laissons à Rome ce qui est à Rome, à Athènes ce qui est à Athènes. Rome, la reine du monde chrétien, a eu le bon sens de garder son architecture. Rome n'a pas voulu (peut-être seule en Europe) de notre gothique, et elle a bien fait; car, lorsqu'on a le bonheur de posséder une architecture nationale, le mieux est de la garder. Voilà, messieurs, un exemple qu'elle nous donne, cette Rome que vous vantez à bon droit, et cet exemple en vaut bien un autre. Le christianisme n'a jamais été exclusif, dites-vous; cela est vrai, le culte catholique est l'expression d'une religion assez grande et assez belle, pour être imposant partout. Mais est-ce à dire pour cela qu'il doive s'accommoder de tout; qu'il soit disposé à prendre pour temples, dans un même diocèse, des salles de thermes et des basiliques antiques, des rotondes et des églises byzantines, des croix grecques et des croix latines? Faut-il, parce que ce culte a pu être exercé dans des carrières et dans des ruines antiques, le soumettre aujourd'hui à toutes les fantaisies qu'il plaît et qu'il plairait encore aux inventeurs d'architecture de lui imposer? Quand nous avons chez nous, dans toutes nos villes, un art complet, applicable, né sur notre sol, envié par toute l'Europe, un art qui vous cause à vous-mêmes des émotions si vives, comment se fait-il que ce soit précisément celui-là dont vous ne vouliez pas? Serait-ce parce que ceux qui, après tant d'efforts, ont su l'amener à sa perfection n'étaient pas de l'Académie des Beaux-Arts?..... Vous nous permettez de le dépecer, cet art, de prendre des bribes par-ci par-là, d'y mêler d'autres éléments étrangers, et d'en faire quelque chose pour notre usage. Mais cela est-il possible? L'*unité*, messieurs, cette grande loi que les anciens ont si bien su nous enseigner dans leurs écrits, par leurs monuments, et que vous-mêmes vous avez prêchée, qu'en faites-vous? « C'est de la conception d'un monument que dépend cette *unité* d'intention et de vues qui doit devenir le lien commun de toutes les parties. Aussi faut-il qu'un monument émane d'une seule intelligence, qui en combine l'ensemble, de telle manière qu'on ne puisse, sans en altérer l'accord, ni en *rien retrancher*, ni *rien y ajouter*, ni *rien y changer* [1]. » Ce n'est pas moi qui parle, messieurs; c'est M. Quatremère de Quincy. Écoutez encore ceci : « On appelle ainsi (l'unité de système et de principes) celle qui consiste à ne point confondre dans le même édifice certaines diversités qui sont le produit, *chez différentes nations*, d'un principe originaire particulier, et de types formés sur des modèles sans rapports entre eux. » Toujours M. Quatremère.

Vous vous étiez faits païens, messieurs; aujourd'hui, serrés de près par l'opinion des gens qui ont étudié l'art national, vous vous faites éclectiques,

[1]. *Dictionnaire historique d'Architecture*, t. II, p. 630.

et vous feriez, s'il le fallait, d'autres concessions à nos principes pour éviter d'être franchement de votre pays. Vous jetez votre plus précieux bagage à la mer, à l'heure qu'il est; vous renoncez à l'unité, pour sauver le vaisseau de l'Académie. Nous craignons que vous ne sauviez rien, et que vous ne détruisiez l'École. Lorsque l'Académie des Beaux-Arts installait franchement l'antiquité chez nous, avec toutes ses conséquences, il y avait au moins unité, harmonie dans l'enseignement, dans les exemples et dans les résultats. C'était un art dont la forme était en désaccord avec nos mœurs et notre climat; mais c'était un art admirable, sur lequel il était aisé de fonder un enseignement. Aujourd'hui vous prêchez l'anarchie, l'éclectisme, messieurs! Mais vous mettez le feu aux quatre coins de l'École! Comment? vous allez dire à vos élèves (je vous cite) : « Recueillez dans le passé, choisissez dans le présent.... » Mais que choisir? vous répondra-t-on. L'Académie croit qu'avec cela nous aurons une architecture de notre époque : nous aurons ce que nous avons depuis vingt ans, du désordre. Pour nous, le désordre nous fatigue; nous n'en voulons plus, et, autant qu'il dépendra de nous, nous le combattrons, qu'il vienne d'en haut ou d'en bas. J'en appelle aux architectes qui font partie de l'Académie des Beaux-Arts, à ceux qui ont construit toutefois; est-ce à l'aide de théories aussi vagues que l'on élève un édifice, est-ce avec des phrases bien tournées que vous donnerez, dès le sol, un aspect d'*unité* à votre monument? Une fois le crayon à la main, le papier devant vous, et les ouvriers prêts à exécuter vos ordres, chercherez-vous cette pierre philosophale introuvable, « une architecture recueillie dans le passé.... choisie dans le présent....; qui ait une physionomie toute française....; qui, avec toutes les ressources de notre âge, réponde à tous les besoins de notre culte, et qui soit à la fois marquée du sceau du christianisme et du génie de notre société? » A l'œuvre! « car c'est évidemment là ce que la raison conseille; c'est ce que demande l'intérêt de l'art. » —C'est incontestable, messieurs; mais c'est ce que la plume peut dire, et ce que le crayon ne peut faire. Pour élever quoi que ce soit, ne fût-ce qu'une guérite, il nous faut un art arrêté, coordonné par un système qui soit soumis à des principes et à des règles infranchissables. C'est pour avoir méconnu un instant ces règles et ces principes, en voulant mêler l'architecture antique aux traditions du moyen âge, que la Renaissance n'a produit que des œuvres quelquefois attrayantes, mais toujours bâtardes, et qui, de chute en chute, nous ont conduits à l'anarchie, d'où vous ne nous aidez guère à sortir. Pour Dieu, messieurs, reprenez l'antiquité pure si vous voulez, mais n'appelez pas le désordre pour nous combattre. En suivant les principes émis dans le manifeste, à savoir, qu'il ne faut pas plus imiter le siècle de Périclès que celui de saint Louis, qu'il est bon de prendre partout dans le passé et le présent « *pour créer un art*, » comme si l'on créait un art! l'Académie, pour être conséquente, aura donc demain, à l'école des Beaux-Arts, des professeurs d'architecture grecque, romaine, gothique, de la renaissance, qui se critiqueront les uns les autres, qui détruiront leurs systèmes réciproquement. On enseignera le même jour, à une heure de distance, la construction grecque et la construction gothique; on démontrera aux mêmes élèves comme quoi la plate-bande l'emporte sur l'arc, et l'arc sur la plate-bande; et ce sera là créer un art! — Miséricorde! Si nos fils se font architectes, que deviendront-ils dans cette tour de Babel? Voilà où la terreur du gothique vous a conduits, messieurs!... Est-ce à nous de vous rappeler à vos convictions, à vos doctrines d'autrefois? Divisés en autant de sectes qu'il y a de membres à l'Académie, un point seul vous trouve sinon unanimes, du moins en majorité ; c'est le mépris de la seule architecture vraiment nationale; car, permettez-nous de vous le répéter, messieurs, nous ne pouvons regarder comme bien sincère l'éloge que vous en faites au commencement de vos « Considérations », puisque vous avez eu le soin d'en diminuer toute la valeur quelques pages plus loin....

Oserons-nous exprimer un doute qui nous vient? Avez-vous eu le loisir d'étudier cette architecture que vous proscrivez, d'en suivre tous les développements, d'en examiner les ressources? Je dois vous avouer que les « Considérations » de l'Académie des Beaux-Arts ont mis quelque incertitude dans notre esprit à cet égard. « L'Académie (dites-vous), après avoir entendu les observations particulières dictées à quelques-uns de ses membres par la *connaissance profonde* de l'art qu'ils exercent, a pu se convaincre que, sous le rapport de la solidité, les églises gothiques manquaient des conditions qu'exigerait aujourd'hui la science de l'art de bâtir. »

Nous ne voudrions pas faire de rapprochements fâcheux, quoique certainement la tentation soit forte ; cependant la vérité est une si belle chose que la déguiser dans certains cas est une honte. D'un côté, voici des monuments qui durent depuis six ou sept cents ans, malgré un climat destructeur, malgré « trois siècles d'abandon », malgré des restaurations souvent plus funestes que l'abandon même, malgré les incendies et les révolutions ; des monuments qui sont encore d'un usage journalier, qui sont commodes, et ne demandent souvent que des restaurations qui équivalent à un simple entretien. — Ces monuments-là ne sont pas solides, « ils manquent des conditions qu'exige aujourd'hui la science de l'art de bâtir! » — D'un autre côté, nous voyons des édifices, véritables carrières de pierre, qui ne sont élevés qu'avec des moyens factices, qui, lorsqu'on les examine avec soin, ne présentent que des armatures en fer, qu'une décoration n'indiquant ni la nature, ni la dimension des matériaux, qu'un assemblage monstrueux d'arcs portant des plates-bandes suspendues à des chaînes, de chapiteaux ou de corniches composés de quatre ou cinq assises, de soffites formés de claveaux, de contre-forts dissimulés par l'épaisseur uniforme et inutile des murs, de voûtes sphériques masquées sous des combles de basiliques, de clochers portant à faux, de toits plats qu'il faut balayer par les temps de neige… — Sont-ce là des monuments solides, parce qu'ils résument « la science de l'art de bâtir aujourd'hui? » — Je ne suis pas bien vieux, et cependant il m'a semblé déjà voir quelques-uns de ces monuments modernes (entretenus du reste avec un soin tout particulier), échafaudés pendant des mois entiers, à l'effet de remplacer des dizaines de mètres de ces grosses corniches dont la saillie exagérée semble faite pour arrêter les eaux au lieu de les déverser. J'ai cru voir souvent quelques-unes de ces colonnes, composées de centaines de rondelles, que des maçons étaient occupés à rejointoyer, frotter, huiler. Il m'a semblé parfois rencontrer des conduites engorgées dans l'épaisseur des murs, et bon nombre de plates-bandes appareillées bâillant sur la tête des passants. J'avais cru de bonne foi que « la science de l'art de bâtir aujourd'hui » ne valait pas celle d'autrefois ; je me serai trompé, et j'en demande humblement pardon aux membres de l'Académie, dont la « connaissance profonde » de l'art de bâtir est trop peu contestable pour ne pas faire loi en cette matière.

Mais poursuivons. L'Académie nous fait part d'une découverte curieuse. « Ceux (dit M. le secrétaire perpétuel) qui admirent à l'intérieur l'effet de ces voûtes si élevées et en apparence si légères (elles le sont réellement, monsieur Raoul-Rochette), et qui se laissent aller, en les contemplant, à l'effet d'une rêverie pieuse et d'une disposition mystique, ne se donnent pas la peine de réfléchir que cet *agréable* effet est acquis à l'aide de ces nombreux arcs-boutants et de ces puissants contreforts….. »

Effectivement, nous qui admirons « à l'intérieur l'effet de ces voûtes du XIII° siècle », nous n'aurions jamais « réfléchi » que derrière ces voûtes se trouvent des arcs-boutants, et nous remercions l'Académie d'avoir attiré notre attention sur ce phénomène. Un service en vaut un autre, et nous sommes heureux de pouvoir faire part à M. Raoul-Rochette d'une découverte non moins intéressante que celle qu'il veut bien nous signaler : c'est que toutes les plates-bandes des temples de Karnac sont d'un seul morceau [1].

[1]. Nous ne voulons pas fatiguer nos lecteurs, en revenant sur les trois ou quatre articles que nous avons déjà publiés dans les « Annales archéologiques » sur les constructions des XII° et XIII° siècles,

L'Académie glisse d'ailleurs assez légèrement sur les prétendus vices de construction des églises du XIIIe siècle. Ce n'est pas sur ce point que l'attaque est la plus vive; puis il faudrait entrer dans des détails techniques, et l'on a pu voir que l'Académie, sur ce chapitre important, a ses opinions arrêtées d'avance..... Ce n'est pas solide, parce que ce n'est pas solide; la « connaissance profonde » de messieurs les Académiciens nous tiendra lieu de preuves.

L'Académie des Beaux-Arts ne doit pas manquer, dans ses archives, de procès-verbaux de démolitions d'églises gothiques, elle doit donc savoir mieux que nous si ces édifices sont solides ou non.

Mais si l'Académie passe légèrement sur la construction gothique, il n'en est pas de même au sujet du goût. Sur ce point (M. le secrétaire perpétuel ne prendra qu'en bonne part ce que nous allons dire, nous en sommes convaincus) M. Quatremère de Quincy s'exprime plus hardiment que le manifeste; il est vrai qu'il n'avait pas à ménager un sentiment répandu partout aujourd'hui, le retour vers notre art national. Aussi l'Académie nous permettra-t-elle de le citer ici : « Le genre de bâtisse (dit-il) auquel on donne le nom de gothique, naquit de tout d'éléments hétérogènes, et prit naissance dans des temps d'une telle confusion, d'une telle ignorance, que l'extrême diversité de formes, inspirées par le seul caprice, empêcha tout vrai système de proportion de s'introduire dans une architecture qui n'exprime réellement à l'esprit, par le mélange d'éléments qui la constituent, que l'idée du désordre [1]. » L'Académie ne juge pas, dans ses « Considérations » le gothique d'une manière aussi sévère; cependant, si nous l'en croyons, l'architecture du XIIIe siècle est un art qu'il est impossible « de justifier par les lois du goût; qui ne présente à l'œil aucun système de proportion. Tout y est capricieux et arbitraire dans l'invention comme dans l'emploi des ornements, et la profusion de ces ornements à la façade de ces églises, comparée à leur absence complète à l'intérieur, est un défaut choquant et un contre-sens véritable. » Nous l'avons déjà dit, il est difficile réellement d'accorder l'Académie avec elle-même. Comment supposer que des édifices qui produisent des « impressions si vives de recueillement et de piété, qui charment et touchent profondément, au point que la froide raison ne peut détruire un effet qui s'adresse au goût et au sentiment », comment supposer que ces édifices puissent manquer à la fois de proportions, de goût et d'ordre? Où les proportions, le goût et l'ordre sont

---

et notamment sur les arcs-boutants. L'Académie ne lit pas les « Annales »; elle a bien pu croire de bonne foi avoir remarqué la première que les arcs-boutants étaient nécessaires à la stabilité des voûtes gothiques.

[1]. *Dictionnaire hist. d'Archit.*, t. II, p. 175.

des qualités que l'Académie seule a la faculté de saisir, ou ces qualités sont tellement conventionnelles qu'elles deviennent inutiles, puisqu'on peut produire tant d'effet sans elles. Enfin, qu'est-ce donc qu'un art qu'il est impossible « de justifier par les lois du GOUT », et qui charme en produisant « un effet qui s'adresse au GOUT? »

Nous supplions l'Académie de nous résoudre ce problème, qui est au-dessus de notre intelligence. Ce n'est pas tout, M. le secrétaire perpétuel prétend que « tout est capricieux et arbitraire dans l'invention comme dans l'emploi des ornements gothiques du XIII° siècle. » Or, « arbitraire » veut dire, si je ne me trompe, qui se fait sans loi, sans système. Eh bien! si nous examinons quelques instants une église du XIII° siècle, nous verrons d'abord que toute la construction est soumise à un système invariable. Nous verrons l'ogive adoptée pour tous les arcs, pour toutes les voûtes; toutes les forces et les poussées rejetées à l'extérieur; une disposition laissant à l'intérieur les plus grands vides possibles. Nous verrons que les murs ne sont que de simples remplissages, de véritables cloisons qui ne portent rien; que les éperons, les arcs-boutants et les contreforts, chargés seuls de soutenir l'édifice, ont toujours un aspect de résistance, de force et de stabilité qui rassure l'œil et l'esprit; que les voûtes légères, construites en petits matériaux faciles à monter et à poser à une grande hauteur, sont combinées de façon à reporter la *totalité* de leur poids sur les piles; que les moyens les plus simples sont toujours préférés; que les *arcs ogives* et *arcs doubleaux*, tracés sans exception avec des arcs de cercle, n'exigent ni déchet de pierre, ni épures compliquées, ni *coupes* difficiles; que tous les membres de ces constructions, indépendants les uns des autres, quoique reliés entre eux, présentent un ensemble d'une élasticité et d'une légèreté bien nécessaires dans des édifices d'une aussi grande dimension. Si nous en venons à nous occuper des proportions, nous verrons, n'en déplaise à l'Académie des Beaux-Arts, qu'il y a toujours, dans chaque monument, un rapport relatif entre la largeur et la hauteur des bas-côtés, entre la hauteur de ces bas-côtés et celle de la galerie, entre la hauteur de la galerie et celle des fenêtres supérieures; que les rapports de hauteur et de largeur sont les mêmes pour la nef et les bas-côtés. Nous verrons encore (et ceci appartient exclusivement à cette architecture) que la proportion humaine y devient une loi fixe. Notre ami et collaborateur, M. Lassus, disait dans les « Annales archéologiques » (avril 1845) : « Que le monument soit grand, qu'il soit petit, toujours et partout vous retrouverez la conséquence du même principe (la proportion humaine). Au XIII° siècle, les bases, les chapiteaux, les colonettes, les meneaux, les nervures, enfin tous les détails sont exactement les mêmes, dans la grande cathédrale, comme dans la simple église de campagne, et cela parce que dans tous ces monuments l'homme seul sert toujours d'unité, et que l'homme ne peut se grandir ni se diminuer. Vraiment il faut être aveugle pour ne pas être frappé de ce principe si vrai, si juste, qui fait que nos cathédrales paraissent grandes parce qu'elles sont grandes, que nos chapelles paraissent petites lorsqu'elles sont petites, enfin que tous nos monuments donnent rigoureusement, mathématiquement, l'idée de ce qu'ils sont réellement. » Nous le demandons, n'y a-t-il pas là un système de construction et de proportion? Et si nous en venons aux ornements des monuments du XIII° siècle, ne les verrons-nous pas soumis à deux lois fixes : la première, qui est l'imitation de la végétation locale; la seconde, qui restreint invariablement la dimension de ces ornements aux dimensions des matériaux de notre pays. Où est donc, en tout ceci, le « caprice et l'arbitraire? » Nos lecteurs nous pardonneront de revenir ici sur des sujets que nous avons déjà traités longuement, et avec lesquels ils sont familiers; mais l'Académie n'a probablement pas eu l'occasion d'observer tous ces faits, et c'est pourquoi nous avons cru devoir insister sur ce point.

Que M. le secrétaire perpétuel ne nous lise pas, cela est trop naturel; mais il y a plus d'un an que l'un des collègues de M. Raoul-Rochette, à l'Académie des Inscriptions et Belles-Lettres, M. Vitet, dans sa « Notice sur la cathédrale de Noyon », disait : « L'ornementation du XIII° siècle se distingue de celle des XIV° et XV° siècles, au moyen d'indications plus précises que celles qui servent à classer chronologiquement la décoration des édifices antiques... Pour nous, loin d'être un plagiat et une œuvre de déraison, l'ornementation du XIII° siècle est une des créations les plus originales, les plus spontanées, les plus imprévues de l'esprit humain, en même temps qu'une de ses œuvres les plus raisonnables et les plus méthodiques............ L'art du XIII° siècle n'imite presque exclusivement que des végétaux : plus d'oves, plus de perles, plus de rais-de-cœur;...... l'ornementation devient essentiellement végétale. Ce n'est pas tout : au lieu d'idéaliser les végétaux, comme on l'avait fait jusque-là, au lieu de leur prêter une forme conventionnelle, en harmonie avec le caractère des monuments antiques, on les copie purement et simplement, on les calque d'après nature;..... ce n'est plus en Grèce ou en Italie que l'on cherche des modèles, mais dans nos forêts et dans nos champs...... Jamais ces végétaux modestes n'avaient reçu tant d'honneur..... »

Nous ajouterons ici que bien que les ornements du XIII° siècle soient imités de la végétation de nos forêts et de nos champs, ils n'en sont pas moins soumis à certaines conventions architectoniques, à certaines lois de goût et de style, qui les font distinguer à la première vue des ornements des XIV° et xv° siècles. Il en est de même des moulures, des profils, et de tout ce qui contribue à la décoration des édifices de ces époques. Ces monuments sont si peu abandonnés dans leur ensemble, comme dans leurs détails, au « caprice et à l'arbitraire, » que, pour celui qui les a étudiés, il ne peut y avoir d'incertitudes dans leur classement chronologique. Les faits parlent d'eux-mêmes ; les monuments sont là, et nous voudrions que l'Académie des Beaux-Arts fît plus d'attention aux faits lorsqu'ils ont cette importance. Il nous faut faire remarquer encore, quoiqu'il nous en coûte, que le manifeste de l'Académie confond tous les styles. A propos du gothique du xiii° siècle, on nous a jeté à la tête l'ornementation luxuriante du xv° siècle : voici maintenant que l'Académie fait le procès aux statues du xii°, « ces figures, si longues, si maigres, si roides, à cause du champ étroit qu'elles occupent et qui tient à l'emploi général des formes *pyramidales !* »

Je ne sais si nos lecteurs éprouvent le même sentiment que moi ; mais, par moments, le découragement me prend. Après tous les efforts tentés depuis vingt ans pour faire, je ne dirai pas reproduire, mais étudier, regarder la statuaire du xiii° siècle ; après tant d'ouvrages publiés à grands frais, soit par le gouvernement, soit par des particuliers, songer qu'il est un corps *enseignant*, à la tête des arts en France, qui n'a rien vu, rien étudié, mêlant tous les styles et tous les âges, oui, cela parfois décourage les gens les plus convaincus, les plus décidés à lutter. Que diriez-vous, messieurs, si l'un de nous prétendait ne juger la statuaire grecque que sur les bas-reliefs de Sélinonte, ou sur ceux du Bas-Empire ? si, passant sous silence l'époque de Phidias, nous nous laissions aller à nous égayer sur les figures immobiles et souriantes des métopes des temples siciliens, ou à tonner contre la sculpture molle et lâche des sarcophages du iv° siècle ? Vous vous soulèveriez contre notre ignorance, ou vous nous accuseriez peut-être de mauvaise foi ; et vous auriez raison. La statuaire ne s'apprécie pas comme la construction d'un édifice, laquelle peut se démontrer mathématiquement ; il est, dans bien des cas, difficile de *prouver* qu'une statue est belle : car une statue peut, tout en reproduisant fidèlement la nature, n'être cependant qu'une œuvre misérable ; elle peut aussi représenter irrégulièrement la forme humaine, et n'en être pas moins empreinte de ce parfum d'art et de goût que l'on est convenu d'appeler *style*. Lorsque la statuaire réunit à une imitation, non pas minutieuse, mais large et choisie de la nature, cette poésie à laquelle tout le monde est sensible, il nous paraît alors que son œuvre est belle. Dire « qu'aujourd'hui la vérité est la première condition de l'imitation, et la nature le seul type de l'art, » cela nous paraît une théorie étrange dans la bouche d'un académicien, qui n'a pas encore admis parmi les statuaires M. Curtius, l'auteur des plus fidèles imitations de la nature. Tel n'est cependant pas le but de la sculpture, qui serait ainsi bornée à ne faire aujourd'hui que des messieurs en frac. Les Grecs n'ont imité la nature que jusqu'à un certain point de vérité qu'ils n'ont jamais dépassé; donc nos artistes « désapprendraient », suivant l'Académie, s'ils faisaient de la sculpture comme les Grecs. Il faut être logique, tout académicien qu'on soit. Que l'on préfère un moulage sur nature à un buste de Phidias, un daguerréotype à un portrait de Raphaël, cela se comprend de la part d'un ignorant; mais il faut d'autres principes pour apprécier une œuvre d'art. Nous ne sommes pas extravagants au point de prétendre que le tympan de la porte de la Vierge, au portail de Notre-Dame de Paris, soit préférable aux bas-reliefs du Parthénon; mais certainement, pour qui sait voir, il y a dans ces deux œuvres, si différentes de caractère et de pensée, une origine pareille qui conduit à un résultat analogue : l'imitation de la nature, soumise à un rhythme, à un style enfin. Que nos artistes actuels ne puissent en venir là, hélas! qui le sait mieux que nous? mais il n'y a pas lieu de s'en vanter. Que vous prétendiez, messieurs, que personne aujourd'hui ne parle en vers alexandrins, nous en conviendrons; mais si vous ajoutez que nos littérateurs seraient forcés de « désapprendre ce qu'ils ont étudié, de se détacher du modèle vivant », pour arriver à parler comme Corneille, vous nous laisserez désirer que ces hommes de lettres en question en sachent un peu moins. Pour faire croire aujourd'hui, messieurs, que l'on ne « sent rien dans la statuaire gothique qui accuse la nature », il faudrait avoir détruit tous les monuments du XIII° siècle; et il en reste encore assez pour que nous engagions l'Académie tout entière à se transporter à Chartres, ou à Amiens, ou à la cathédrale de Paris, ou même à la Sainte-Chapelle, qui se trouve plus rapprochée de l'Institut. Dans ces quatre monuments (et j'en passe), l'Académie pourrait se faire indiquer, de peur de méprise, quelques milliers de figures du XIII° siècle, qui ne sont ni « maigres, ni longues, ni roides; qui n'occupent pas de champ étroit, et ne sont nullement soumises aux formes *pyramidales*. » Les chefs-d'œuvre sont rares dans tous les temps, et nous ne prétendons pas donner toutes les figures du XIII° siècle comme des productions irréprochables; mais, certes, s'il est une époque, après celle des Grecs, qui ait possédé une école puissante et vraiment digne de ce nom, c'est bien le XIII° et le XIV° siècles : vous trouverez des figures plus ou moins bien exécutées, plus ou moins régulières, jamais insignifiantes, ni comme pensée, ni comme style, et souvent, très-souvent d'admirables chefs-d'œuvre qui pourraient enseigner beaucoup de choses à nos statuaires, si nos statuaires voulaient prendre la peine de les regarder.

Cette longue digression, à propos de la sculpture gothique, me ramène à cette phrase du manifeste de l'académie : « Tout y est capricieux et arbitraire, dans l'invention comme dans l'emploi des ornements. » Comment! ces grands portails, si bien disposés pour accueillir et laisser écouler la foule, sont ornés capricieusement? Cette porte centrale avec le Dieu-Homme au centre, les douze apôtres et les attributs des quatre évangélistes autour de lui, les vierges sages et les vierges folles à droite et à gauche, le dragon sous ses pieds, le Jugement dernier sur sa tête; plus haut le Christ encore, mais ressuscité, assis sur le monde, entouré d'anges qui portent les instruments de la passion; sa mère divine et saint Jean qui l'adorent; dans ces voussures, des myriades d'anges d'abord, l'enfer à la gauche du Rédempteur; puis les martyrs, les prophètes; tout cet abrégé des mystères de la religion catholique se trouve être un pur effet du hasard, un caprice! Vous plaisantez, messieurs, je le suppose, et cependant cela ne prête guère à la plaisanterie. Quant à la nudité que vous reprochez à l'intérieur de nos églises, si nos églises avaient une voix, messieurs, voici ce qu'elles répondraient : « Qui donc nous a dépouillées, badigeonnées, raclées? Qui donc, à Notre-Dame de Paris, a brisé l'admirable clôture du chœur, dont quelques fragments nous restent comme témoins accusateurs? Qui donc a enlevé cet autel entouré de ses reliquaires, ces stalles du xiv° siècle, et ces tombeaux, et ces monuments votifs, et ces tables de bronze sous lesquelles les anciens évêques de Paris espéraient laisser leurs cendres tant que le monument serait debout? Qui donc a détruit toutes nos verrières? A Chartres, qui donc a jeté bas, pour en faire des dalles, le beau jubé du xiii° siècle? qui donc a plâtré tout le chœur avec des bas-reliefs en stuc? Qu'a-t-on fait de nos retables, de nos piscines, de nos crédences, de nos autels?... » Là-dessus, messieurs, n'invoquez pas les souvenirs; je crois qu'un de nos amis vous l'a déjà dit, on n'insulte pas ceux qu'on a tués [1].

On serait tenté de croire que M. le secrétaire perpétuel n'a jamais vu de vitraux que dans les kiosques et les chalets des environs de Paris; que l'on en juge : « Il en serait de même de la peinture, qui aurait de plus à lutter contre le jour faux produit par les vitraux *coloriés*, et qui verrait tout l'effet de ses tableaux détruit par cette *illumination factice*. » Lorsque messieurs les membres de l'Académie voudront nous faire l'honneur de visiter la Sainte-Chapelle, ils pourront s'assurer que les vitraux ne produisent pas de jour faux, et qu'ils ne nuisent en rien à la peinture, je veux dire à la peinture monumentale, car je ne parle pas des tableaux accrochés; quant à ceux-ci, nous préférerons toujours, de toute manière, les rencontrer dans une galerie

1. *Annales archéologiques*, vol. 1, p. 133.

que pendus gauchement dans une église où on ne les voit jamais, grâce au luisant du vernis et à bien d'autres causes qu'il n'est pas nécessaire de signaler ici.

Voici venir la péroraison : « Maintenant que l'architecture gothique est morte au sein même de la civilisation qui l'avait produite, entreprendra-t-on de faire revivre de nos jours ce qui a cessé d'exister depuis quatre siècles? Mais où sont, encore une fois, les éléments d'une résurrection pareille, inouïe jusqu'ici dans les fastes de l'art? » (Et la Renaissance, messieurs, qu'en faites-vous?) « Où en est la raison, où en est la nécessité, dans les conditions de la société actuelle? » — Il est vrai, Messieurs, que nous avons un art tellement arrêté, une école dirigée avec tant d'unité, une architecture, que dis-je une! dix architectures si conformes à nos besoins! nous sommes tous tellement d'accord sur les principes! qu'à votre avis, il est inutile de chercher à rentrer dans un système approprié à nos matériaux et à notre climat, à nos mœurs et à notre religion. Nos églises modernes, dont les unes ressemblent tant bien que mal à des basiliques antiques, les autres à des salles de thermes, nos monuments à toits plats, à portiques ouverts à tous vents, à plates-bandes enfilées dans des barres de fer; ces églises qui n'osent montrer leurs fenêtres à l'extérieur, de peur de ne pas ressembler assez à un monument antique, sont-elles donc assez conformes à notre climat, à nos matériaux, à nos usages, pour qu'il n'y ait pas nécessité de rentrer dans une voie plus vraie? Il ne faut cependant, dites-vous, refaire ni le Parthénon, ni la Sainte-Chapelle... Ceci devient plus embarrassant ; qu'allons-nous donc faire? Que serons-nous donc, puisque le grec et le français nous sont interdits? M. le secrétaire perpétuel répond : « Il faut être *original*, en puisant dans les modèles *antiques* tout ce qui peut se convertir à des besoins nouveaux. Voilà ce qu'ont fait les Jean Bullant, les Philibert Delorme, etc., sous la main desquels l'architecture prit une physionomie française. » Ainsi, il faut être original en interprétant l'antique, de la même façon que l'ont fait les Jean Bullant.... etc. Mais, messieurs, puisque les Philibert Delorme, les Pierre Lescot ont déjà fait une imitation de l'antique, il devient d'autant plus difficile d'en faire une seconde, maintenant que la place est prise ; puis l'antique est bien loin de nous ; puis l'originalité des architectes de la Renaissance pourrait être contestée ; pourquoi donc n'essaierions-nous pas d'être *originaux* « en nous assimilant, si l'on peut ainsi dire, tout ce que nous emprunterions à l'art » français du xiiie siècle? Quand nous laisserions dormir la Renaissance que vous invoquez, il n'y aurait pas grand mal. La Renaissance, « avec ses anarchiques et splendides déviations, » comme le dit si heureusement M. Victor Hugo, ne nous paraît pas le meilleur exemple à suivre. Le gothique étant perverti, la Renaissance s'est servie de l'antique. Aujourd'hui la Renaissance est usée à son tour; eh bien, nous voulons nous servir du gothique. Qu'y a-t-il là d'*inouï*? n'est-ce pas au contraire conforme à la marche ordinaire des choses de ce monde? n'est-ce pas une conséquence naturelle de ce « retour sincère aux idées chrétiennes DONT ON SE FLATTE? »

D'ailleurs, messieurs, vous l'avez dit, une architecture que l'on respecte comme une œuvre d'art *impossible* à reproduire, ne doit être ni copiée, ni « imitée »; et pour nous l'architecture antique est dans ce cas. S'il est un art *impossible* à reproduire aujourd'hui, c'est bien celui qui est né sous un autre climat, sous l'influence de mœurs particulières, et d'une religion différente de la nôtre; aussi permettez-nous de vous renvoyer la phrase qui précède votre conclusion, si conclusion il y a. « C'est parce que nous aimons, c'est parce que nous comprenons les édifices (antiques), que nous ne voulons pas d'une IMITATION MALHEUREUSE, qui ferait perdre à ces monuments sacrés du culte (des anciens) l'intérêt qu'ils inspirent, en les faisant apparaître, sous cette forme nouvelle, dépouillés du caractère auguste que la vétusté leur imprime, et privés du sceau de la foi qui les éleva. » Nos lecteurs sont priés de remarquer que ce passage est reproduit textuellement, si ce n'est que M. le secrétaire perpétuel l'applique, non point aux édifices antiques, ainsi que j'ai cru devoir le faire, mais bien aux monuments catholiques. Il résulte de là que l'Académie ne peut pas supposer un instant que les populations qui font aujourd'hui élever des églises, puissent *sceller* ces monuments de leur *foi*, « privées du sceau de la foi qui les éleva. » Parlez pour vous, messieurs, s'il vous plaît; et respectez la foi des autres. Un critique, un poëte, un historien, peuvent porter un jugement sur ces matières; cela n'a nulle importance, un autre rectifiera le lendemain la pensée du premier. Mais un corps enseignant au milieu de l'État, en France, qui pense « qu'on *se flatte* de revenir sincèrement aux idées chrétiennes »; que des villes qui bâtissent des églises « ne peuvent plus les sceller de leur foi », voilà qui est étrange... Au reste, ne prenons pas la chose au sérieux; car, à la fin de votre conclusion, nous trouvons cette phrase : « Et qui empêche, dites-vous, nos architectes modernes de faire de même que ceux de la Renaissance, en élevant, avec toutes les ressources de notre âge, des monuments qui répondent à tous les besoins de notre culte, et qui soient à la fois marqués du SCEAU DU CHRISTIANISME et du génie de notre société? » Voilà le sceau retrouvé, et nous sommes tous du même avis. Prenons pour modèles les artistes de la

Renaissance; seulement, comme il ne faut pas toujours aller puiser à la même source, nous allons « non pas copier, mais imiter » les arts du xiiie siècle, d'autant qu'il n'y a pas grand effort à faire pour concilier les monuments de cette époque avec « tous les besoins de notre culte »; car le culte n'a pas changé, et ces édifices sont tous marqués du « sceau du christianisme », qui n'a pas changé non plus, que je sache, depuis le xiiie siècle.

Nos lecteurs, déjà au fait de toutes ces questions, trouveront peut-être que nous défendons une cause gagnée, et que nous nous escrimons dans le vide. Cependant il y a en tout ceci une chose utile, c'est que la vérité se fait jour, et qu'il n'y aura que les gens intéressés à ne pas la voir qui chercheront à l'étouffer. Les hommes de bonne foi finiront par s'entendre, et alors disparaîtront les petites susceptibilités d'école qui les séparent encore. L'Académie nous demande « où est la main puissante qui peut soulever une nation entière au point de la faire rétrograder de quatre siècles en arrière ». Cette main, c'est celle de la vérité; cette force, c'est celle du bon sens. Et que l'Académie des Beaux-Arts ne croie pas que cela pourrait arriver; cela est, et nous nous en félicitons, car ce n'est pas rétrograder que d'abandonner ces constructions qui ne sont ni antiques ni modernes, en désaccord avec notre climat, nos habitudes et notre caractère national, avec notre religion et nos mœurs. Ce qui soulève et soulèvera une nation entière, messieurs, c'est votre long dédain pour ces monuments que vous louez aujourd'hui du bout des lèvres, et comme pour faire la part de l'opinion; c'est votre mépris superbe pour ces édifices vraiment nationaux, que ni l'engouement de la Renaissance pour l'antique, ni l'orgueil de Louis XIV qui repoussait tout ce qu'il n'avait pas élevé, ni l'indifférence du siècle dernier, n'ont pu anéantir ou sur notre sol, ou dans les souvenirs du peuple. Vous aurez beau faire, ce peuple se croira toujours mieux baptisé, mieux marié dans une église gothique que dans une basilique romaine. Non, messieurs, vous ne l'arrêterez pas ce flot de l'opinion qui monte toujours; cette digue, que vous tentez de lui opposer, le fera déborder plus violent, plus rapide et plus envahissant. Nous verrons longtemps encore faire de tristes et fâcheuses tentatives; nous le savons, nous nous y attendons. Mais nous poursuivrons notre route, parce que nous sommes convaincus; parce que, si le génie ne nous accompagne pas (c'est un compagnon difficile à rencontrer), du moins nous marchons côte à côte avec le bon sens. Nous élevons et nous élèverons des églises françaises du xiiie siècle, parce que nous sommes indignés de voir plier le culte, en France, à des dispositions monumentales pillées à l'antiquité ou à l'Italie du moyen âge [1]; parce que nous sommes fatigués de voir tant de

[1]. Nous ne comprenons pas pourquoi l'Académie des Beaux-Arts, qui s'est fait si peu de scru-

fâcheuses copies qui ont failli éloigner les architectes de l'étude si nécessaire de l'antique ; parce qu'enfin nous sommes dégoûtés de fouiller vainement parmi des théories tantôt absolues, tantôt rationnelles, et d'être ballottés du Romain à la Renaissance, et du Grec au Bas-Empire. Vous n'avez pas pris la chose au sérieux, messieurs; vous nous avez regardés comme des enfants qui jouent à la poupée, et qui, « par caprice ou par *amusement*, veulent bâtir des châteaux ou des églises gothiques. » Non, messieurs, donnez-nous un ART logique, beau de forme, ou laissez-nous reprendre le seul qui ait réuni au plus haut degré ces deux qualités, chez nous, sur notre sol, quand il n'a pas été mutilé « par l'ignorance ou la barbarie ». Ce ne sont pas des théories vagues qu'il nous faut; c'est un art *adulte*. Mais où est-il ? — La Renaissance vous le fournira, direz-vous. — Que de détours, mon Dieu, pour ne pas revenir nettement et franchement à notre vieil art français ! Dans votre pensée, messieurs, vous comparez toujours le XVe siècle au XVIe, et vous dites alors : « La Renaissance est un progrès ! Donc la marche adoptée par les artistes de cette époque est celle qui doit être suivie. » Certes, s'il fallait absolument choisir entre ces deux arts, celui du XVe siècle ou celui du XVIe, peut-être donnerions-nous la préférence au dernier. L'art gothique, corrompu à la fin du XVe siècle, n'était plus viable. L'ignorance, résultat de longues luttes et de commotions violentes, avait fait perdre à notre art national sa raison, son système. Ce n'était plus alors qu'une tradition expirante; le principe de cet art était étouffé sous l'enveloppe la plus compliquée sans motifs, la plus surchargée de « détails sans signification ». Il fallait en revenir à ce principe, ou chercher de nouvelles inspirations dans un autre art ; l'antiquité fut adoptée avec plus d'enthousiasme que de réflexion. Il y avait à choisir entre trois partis : le retour à l'art national dans sa pureté, l'adoption d'une forme antérieure (l'art romain), enfin l'éclectisme. Il n'y avait alors que ces trois routes ouvertes aux architectes, et il n'y en a pas plus aujourd'hui. Des hommes comme Philibert Delorme avaient trop de bon sens, étaient trop praticiens pour prêcher l'éclectisme; les défauts qui les avaient frappés dans la décadence de l'art gothique les empêchaient de remonter au principe de cet art, et, d'ailleurs, il n'est pas dans la nature de l'esprit humain de revenir à un système, quelque bon qu'il soit, quand on a vu les résultats de sa corruption. Ces grands artistes prirent franchement l'antique pour modèle ; ils l'étudièrent, et crurent sincèrement faire de l'architecture romaine. Il n'y a qu'à lire ce qu'ont écrit les architectes de ce temps pour s'en assurer.

pules de ne tenir aucun compte des besoins du culte catholique, dans les églises bâties depuis une centaine d'années, est aujourd'hui si susceptible à l'endroit des minimes différences qui existent entre le culte du XIIIe siècle et le nôtre.

Il se présentait alors peu d'églises à construire : la Réformation était imminente. D'ailleurs le sol était couvert d'édifices religieux des XII°, XIII° et XIV° siècles. Et cependant veuillez bien observer, messieurs, que les architectes de la Renaissance et du XVII° siècle, lorsqu'ils ont élevé des églises, ont toujours suivi le plan et la structure des églises françaises du XIII° siècle. Saint-Eustache est un monument du XIII° siècle mal construit, et choquant par son manque d'unité. Ces bas-côtés d'une élévation inutile, ces piles formées d'un amalgame de pilastres et de colonnes qui s'enchevêtrent sans raison, ces voûtes à nervures croisées dans tous les sens et qui n'indiquent plus la véritable construction, ces clefs pendantes accrochées à la charpente, ces fenêtres d'une proportion désagréable et qui semblent avoir de la peine à trouver leur place au-dessus de ce petit triforium que l'on prendrait plutôt pour une balustrade que pour une galerie, ces meneaux dont les formes molles n'indiquent ni une construction de pierre, ni une construction de bois, ces arcs-boutants concaves à l'extrados, toutes ces combinaisons sans motifs, et qui (c'est ici le cas de le dire) paraissent être bien plutôt le produit du caprice que celui de la réflexion, sont-elles un progrès? L'élément antique ajoute-t-il, dans ce cas, quelque chose à la belle disposition du plan qui est du XIII° ou du XIV° siècle? Nous ne le croyons pas. Saint-Sulpice, cette église même, n'est-elle pas encore un édifice tout gothique comme plan et comme disposition générale, mais grossièrement construit, sans nulle connaissance de la force et de l'emploi des matériaux? L'élément antique ne joue-t-il pas là un misérable rôle? Mais au moins cet édifice, sauf la grosseur immodérée de ses piles intérieures, est-il encore commode, approprié au culte; et pourquoi? si ce n'est parce qu'il a conservé la forme ancienne des églises françaises, et qu'il n'est ni une salle de thermes, ni une basilique romaine, ni une église orientale. Laissez-nous donc revenir à notre art, messieurs, plutôt que de vouloir nous replonger dans le désordre et l'anarchie, au moment où nous tâchons d'en sortir. N'embarrassez pas le pouvoir, qui n'est pas artiste, ne rectifiez pas l'opinion par une profession de foi qui ne constate que votre impuissance; mais donnez-nous un art logique et complet, qui remplisse surtout les conditions d'unité que demande la société d'aujourd'hui. Si vous ne le pouvez pas, si vous ne vous guidez que par des théories stériles, ne trouvez pas mauvais que, lorsqu'il s'agit d'élever des édifices durables, nous prenions pour modèles des types consacrés par un long usage et qui sont admirables, de votre propre aveu, plutôt que de nous mettre à la recherche d'un art nouveau, ou de continuer à copier péniblement des monuments antiques que repoussent notre climat, nos matériaux, notre religion et nos usages modernes. Pour former un art nouveau, il faut une civilisation nouvelle, et nous ne sommes pas dans ce cas. L'architecture est de tous les arts celui qui procède le plus par transition, et cela est tout simple; mais quand il a corrompu les types, et qu'il les a laissés perdre, il faut qu'il retourne en arrière, qu'il revienne à sa source. Cela est fâcheux, personne de nous ne le conteste; mais il n'y a pas d'autre moyen de sortir du désordre, résultat de l'oubli de toutes les traditions. Nous nous contentons des essais que nos prédécesseurs ont faits depuis bientôt cent ans; trop modestes pour croire que nous serions plus habiles, ou plus heureux, nous regardons comme plus sensé de revenir franchement à un art qui nous paraît être le seul encore applicable à nos usages, le seul conforme à nos mœurs. Ce n'est pas dire que nous voulions « immobiliser » l'art de l'architecture en France; ce serait folie que d'y songer. Non, messieurs, ne nous prêtez pas des idées extravagantes, pour vous donner le plaisir de les réfuter victorieusement. Nous demandons que notre architecture du XIIIe siècle soit d'abord étudiée par nos artistes, mais étudiée comme on doit étudier sa langue, c'est-à-dire de façon à en connaître non-seulement les mots, mais la grammaire et l'esprit. Nous demandons que l'enseignement officiel entre dans cette voie; que l'étude de l'antiquité ne devienne que ce qu'elle aurait toujours dû être, l'*archéologie*, et l'étude de l'architecture française au XIIIe siècle, l'*art*. Nous ne poserons pas des bornes pour cela (nul pouvoir humain ne le pourrait); mais, partant d'un art dont les principes sont simples et applicables dans notre pays, dont la forme est belle et rationnelle à la fois, nos architectes auront assez de talent pour apporter à cet art les modifications nécessitées par des besoins récents, par des coutumes nouvelles. Le principe une fois enseigné, mais sans restrictions, laissez faire à chacun; dans notre pays, au milieu de l'activité et de l'industrie moderne, cet art national ne tardera pas à progresser. Vous commencerez par avoir des copies; cela est inévitable, cela est nécessaire même pour connaître toutes les ressources de l'architecture gothique. Nous dirons plus, vous aurez probablement de mauvaises copies (nous ne sommes pas à cela près d'un méchant monument de plus ou de moins); mais le principe étant bon, l'art type inépuisable d'enseignement, les artistes en auront bientôt saisi le sens; leurs copies alors deviendront intelligentes, raisonnées, et enfin l'architecture nationale, tout en conservant son unité, sa *racine* toute française, pourra se perfectionner aussi bien que la langue l'a déjà fait. Quel est le rôle de l'Académie française, messieurs? Ce n'est pas de nous faire savoir si le latin l'emporte sur le français, ou le sanscrit sur le grec. Elle conseille, elle encourage l'étude des langues étrangères; mais son rôle c'est de garder le dépôt de la langue. C'est là ce qui lui donne une immense importance, non-seulement en France, mais en Europe. Nous ne parlons plus comme au XIII° siècle, mais cependant ne nous servons-nous pas toujours de la même langue?

Nous n'en sommes pas encore à savoir quelles sont les modifications que le génie moderne apporterait à notre art national; il faudrait d'abord que nous fussions pénétrés de cet art, et c'est à ce but que tendent tous nos efforts. Un jour, nous l'espérons, l'Académie des Beaux-Arts deviendra aussi la gardienne du vieil art français, et saura empêcher que le principe n'en soit corrompu, sans pour cela « laisser tomber » les monuments bâtards qui ont été construits en France depuis trois cents ans. Elle dira, en parlant du *Val-de-Grâce* et du *Dôme des Invalides*, « que l'on répare donc ces édifices, qu'on les répare avec ce respect de l'art qui est aussi une religion, c'est ce que demande la raison, c'est ce que veut l'Académie..... » Si le XIII° siècle eût fondé l'Académie, notre art national ne se serait pas perdu. Gardienne sévère des types anciens, l'Académie n'eût pas laissé altérer cette belle architecture de saint Louis; elle n'eût pas permis à l'archéologie antique d'empiéter sur l'art moderne. S'il est une chose que nous puissions reprocher à ce grand siècle, qui a tant produit, c'est ce funeste oubli.

www.ingramcontent.com/pod-product-compliance
Lightning Source LLC
Chambersburg PA
CBHW060556050426
42451CB00011B/1941